सुकूननामा

कभी तो सुकून होगा!

शिवांश शर्मा

BookLeaf Publishing
India | USA | UK

Made with ❤ on the BookLeaf Publishing Platform
www.bookleafpub.in
www.bookleafpub.com

समर्पण

यह पुस्तक उन सभी दिलों को समर्पित है, जो प्रेम की मिठास और पीड़ा दोनों का स्वाद चख चुके हैं। उन असीम प्रेमियों के नाम, जिन्होंने अपनी संवेदनाओं को न केवल महसूस किया, बल्कि पूरी शिद्दत के साथ जी भी लिया। यह उन प्रेमियों का स्मरण है, जिन्होंने अपनी चाहत में खुद को खो दिया, अपनी पहचान, अपने स्वार्थ और अपने अस्तित्व को एक दूसरे के समर्पण में बसा दिया।

यह उन सपनों के नाम भी है, जो अधूरी कहानियों के रूप में हमारे दिलों में पलते हैं। वे सपने जो कभी पूरी तरह से आकार नहीं ले पाए, फिर भी हमारी आत्मा में सजीव रहते हैं, हमारे ख्वाबों की रंगीन तस्वीर बनाते हैं। ऐसे ही अधूरे ख्वाब और प्यार के बीच का अंतर और सामंजस्य इस पुस्तक में अंकित है।

प्रेम, एक ऐसा अहसास है जिसे शब्दों में बांधना मुश्किल है। यह हर बार अपनी नई परिभाषा गढ़ता है और कभी न खत्म होने वाली अनकही कहानियाँ लिखता है। यह हमारी संवेदनाओं के वो अनमोल क्षण होते हैं, जो बिना किसी समझौते के हमारे दिलों में बस जाते हैं, और हम स्वयं को उनके प्रभाव में ढलते हुए पाते हैं।

कविताएँ, जो इस पुस्तक में संकलित हैं, वही प्रेम को शब्दों के माध्यम से व्यक्त करने की एक छोटी सी कोशिश हैं। ये कविताएँ उस भावना का एक जतन हैं, जो न केवल हमारे दिलों में है, बल्कि हमारे आसपास की हर एक चीज़ में समाहित है। वे प्रेम के अहसास को विस्तार से व्यक्त करती हैं, और साथ ही पीड़ा, तृष्णा और असमर्थता की गहरी खाइयों में हमें छोड़ जाती हैं। लेकिन यही तो प्रेम का सत्य है, कि इसे पूरी तरह से न समझा जा सकता है, न व्यक्त किया जा सकता है—फिर भी यह हमारी सोच, हमारे दिल और हमारे अस्तित्व का हिस्सा बन जाता है।इस पुस्तक को पढ़ने वाले हर पाठक के दिल में प्रेम की एक नई लौ जलाने के लिए, एक नया दृष्टिकोण, एक नया संकल्प और एक नई उम्मीद प्रदान करने का छोटा सा प्रयास किया गया है। यह संग्रह प्रेम की उन अनकही और नगीने जैसी भावनाओं का पुनः आवलोकन करता है, जिन्हें हम कभी पूरी तरह से शब्दों में नहीं उकेर सकते।

इसलिए, यह समर्पण आपके हृदय को सादर अर्पित है। यदि इन कविताओं की कोई पंक्ति आपके मन में एक हलचल मचा सके, या अगर एक शब्द भी आपके दिल की गहराई तक पहुंच सके, तो यही मेरी इस पुस्तक की सफलता होगी। प्रेम के सफर में, हर कदम एक नया अहसास, एक नई यात्रा, और एक नया अनुभव है।

लेखक का आभार

इस कविता-संग्रह के माध्यम से मैं अपने हृदय के गहरे भावों को व्यक्त कर रहा हूँ, और इसके साकार होने में जिनका सहयोग और प्रेरणा रही, उनके प्रति अपना आभार व्यक्त करना चाहता हूँ।

सबसे पहले, मेरे माता-पिता का हृदय से धन्यवाद, जिन्होंने मुझे जीवन में सही राह दिखाई, हर कदम पर मेरा साथ दिया और मेरे सपनों को उड़ान दी। उनकी ममता, त्याग और प्रेरणा के बिना यह पुस्तक संभव नहीं होती। उन्होंने न केवल मेरे विचारों का समर्थन किया, बल्कि अपने जीवन के अनुभवों से मुझे वो ताकत दी, जो मुझे इस सफर में आगे बढ़ने के लिए चाहिए थी। जब भी मैंने हार मानने का सोचा, उनके आशीर्वाद और मार्गदर्शन ने मुझे फिर से उठने का साहस दिया। इस पुस्तक का हर शब्द उनके प्रेम और आशीर्वाद से ही प्रेरित है।

विशेष धन्यवाद उस प्रेरणा स्रोत को, जिसने मेरी कल्पनाओं को शब्दों में ढालने की शक्ति दी। तुम्हारी उपस्थिति, तुम्हारे विचार, और तुम्हारी यादें मेरी कविताओं में एक नई ऊर्जा भरती हैं। तुमसे मिली प्रेरणा के बिना, इन पंक्तियों का

अस्तित्व भी संभव नहीं था। तुम्हारे बिना यह सफर अधूरा होता, और तुम्हारी यादों ने मेरे दिल की गहराई को शब्दों में उकेरने का कारण दिया। इस किताब के हर वाक्य में तुम्हारा आभार छुपा है, और तुम्हारी अनुपस्थिति में भी तुम्हारी उपस्थिति को महसूस किया है।

इस पुस्तक से जुड़े सभी पाठकों, शुभचिंतकों और मित्रों का भी धन्यवाद, जिनकी सराहना और समर्थन मेरी लेखनी को और निखारते हैं। आपके उत्साह और मार्गदर्शन ने मुझे आगे बढ़ने के लिए प्रेरित किया। आपके शब्दों ने मुझे हमेशा प्रोत्साहित किया, और आपके विश्वास ने मुझे अपने विचारों को साझा करने का साहस दिया। आप सभी की प्रेरणा और समर्थन ने इस किताब को आकार देने में महत्वपूर्ण भूमिका निभाई है।विशेष धन्यवाद श्री विनीत पराशर, ऋषि, क्षितिज, काशवी,सुखेश, देव, तनुश्री और सिद्धि विनायक को उनके निरंतर समर्थन के लिए

इस किताब का हर शब्द, हर कविता, हर ग़ज़ल उन सभी के लिए समर्पित है, जिन्होंने मेरी यात्रा में कोई न कोई योगदान दिया। यह पुस्तक केवल मेरा नहीं, बल्कि हम सभी का साझा प्रयास है। आप सभी के साथ इस यात्रा में एक कदम और जुड़कर, यह पुस्तक आज आपके हाथों में है।

परिचय

यह किताब "प्रेम और उम्मीद" पर आधारित एक नज़्म संग्रह है, जिसमें हृदय की गहरी भावनाओं और जीवन की सच्चाइयों को शब्दों के रूप में पिरोया गया है। प्रेम, जो एक असीम शक्ति है, और उम्मीद, जो हमें हर कठिनाई से उबारने का साहस देती है—इन्हीं दो तत्वों के बीच का अनमोल रिश्ता इस किताब में नज़र आता है। यह किताब उन्हीं भावनाओं की अभिव्यक्ति है, जो हर इंसान के दिल में कभी न कभी उठती हैं, और जो हमें हर चुनौती के बावजूद जीवन को नए तरीके से देखने की प्रेरणा देती हैं।

हर नज़्म और ग़ज़ल में मैंने जीवन के विभिन्न रंगों, रिश्तों की नज़ाकत, और प्रेम की सुंदरता को महसूस किया है। कभी मन के भीतर की चुप्प और उदासी को बयां किया गया है, तो कभी आशा और प्रेम के उजाले में खो जाने की कोशिश की है। इन लफ्ज़ों में छुपी एक विशेष प्रकार की संवेदनशीलता और हृदय की गहराई को समझना ही इस किताब का असली उद्देश्य है। इन कविताओं के माध्यम से मैंने उन सच्चाइयों को व्यक्त करने का प्रयास किया है, जो हमें कभी

अकेलेपन की छांव में महसूस होती हैं, तो कभी प्रेम और उम्मीद के उजालों में।

प्रेम और उम्मीद की यह यात्रा पाठकों को उनके भीतर की भावनाओं और ख्वाहिशों से साक्षात्कार कराती है। यह नज़्में और ग़ज़लें एक छोटे से पल के एहसास से लेकर जीवन की बड़ी सच्चाईयों तक की यात्रा का एक भाग हैं। इन शब्दों के बीच, आपको न केवल प्रेम की छांव मिलेगी, बल्कि जीवन के कठिन क्षणों में भी एक उम्मीद की किरण नजर आएगी। जब कभी किसी ने अपने अंदर निराशा या असमर्थता को महसूस किया हो, तब ये पंक्तियाँ उन्हें जीवन के प्रति नई उम्मीद और प्रेम के प्रति गहरी समझ दे सकती हैं।

इस किताब का उद्देश्य सिर्फ पाठकों को भावनाओं में डुबोना नहीं है, बल्कि उन्हें उन भावनाओं से बाहर निकलने और जीवन के अनगिनत रूपों को स्वीकार करने की प्रेरणा देना है। यह एक ऐसा संग्रह है, जो हमारे अंदर के नायक को जागृत करता है—वह नायक जो प्रेम से अडिग रहता है, जो मुश्किल समय में भी उम्मीद का दामन नहीं छोड़ता, और जो अपने भीतर की शक्ति को पहचाने बिना कभी हार नहीं मानता।

आशा है कि यह किताब न केवल आपके दिल को छूएगी, बल्कि प्रेम और उम्मीद के जरिए जीवन को नया दृष्टिकोण भी देगी। यह शब्दों का एक

ऐसा संसार है, जो आपको उस यात्रा पर ले जाएगा, जो खुद को और अपने आसपास के संसार को समझने के नए तरीके की ओर मार्गदर्शन करता है। एक छोटी सी कविता या ग़ज़ल का एक वाक्य भी यदि आपके दिल में किसी उम्मीद का दीप जलाता है, तो यही इस किताब की असली सफलता होगी।

तफ़सील

प्रेम का पहला चरण एक अप्रत्याशित अहसास होता है, जब किसी खास व्यक्ति के सामने आते ही दिल की धड़कन तेज़ हो जाती है और हर एक पल उसके बारे में सोचते हुए गुजरता है। उसकी तस्वीर आपके मन में इतनी गहरी उतर जाती है कि हर ख्याल में वही छाया होता है। इसी अवस्था में, आप अनजाने में उसे लेकर भविष्य के सपने और कल्पनाएँ बुनने लगते हैं, जैसे दुनिया की सारी खुशियाँ उसी के साथ जुड़ी हों।

थोड़ा सा उसको नाज़ है,
थोड़ी गर्म मिज़ाज है।
आँखें उसकी रोशन-रोशन,
दफ़्न हज़ारों राज़ हैं।

खिला-खिला सा उसका चेहरा,
दीदार ही उसकी नमाज़ है।
सुनने में भी अव्वल वो,
ज़ुबान भी तेग़-साज़ है।

लहज़ा उसका जान-नवाज़,
सादगी ही उसका ताज है।

आज़ादी उसकी ऐसी है,
वो बिल्कुल बे-नियाज़ है।

पेशानी उसकी कलियों जैसी,
निगाहें नज़र नवाज़ हैं।
होंठ इतने हैं सुर्ख-सुर्ख,
जैसे ताज़ा गुलाब हैं।

उसके कह भर देने से,
अंधा भी तीर-अंदाज़ है।
दिल से है वो नर्म-नर्म,
थोड़ी सी गर्म मिज़ाज है।

हमसफ़र

प्रेम का दूसरा चरण वह होता है जब आप महसूस करते हैं कि यह रिश्ता सिर्फ एक आकर्षण नहीं, बल्कि एक गहरी साझेदारी है। आप अपने साथी में न केवल एक प्रेमी, बल्कि एक सच्चे हमसफ़र को देखते हैं, जो आपके जीवन के हर उतार-चढ़ाव में साथ देने के लिए तैयार होता है। यही वह समय होता है जब आप एक-दूसरे के साथ अपने सपनों, इच्छाओं और मुश्किलों को साझा करके जीवन की यात्रा को और भी समृद्‌ध और खूबसूरत बनाने का संकल्प लेते हैं।

कुछ कहना है, कभी मिलोगी तो बताऊंगा
ज़िंदगी के इस सफर में तुम्हें हमसफ़र बनाऊंगा।

रात होगी तो ख्वाबों में तेरे आऊंगा,
अगली सुबह तुझको मैं ओस बनकर जगाऊंगा।

तू रूठेगी तो तेरे हंसने तक मनाऊंगा,
हर मौसम में तुझको यार, प्यार से सजाऊंगा।

तेरा नखरा भी कभी-कभी उठाऊंगा,
तुझे हंसता देख खुशी से झूम जाऊंगा।

अब बस, इससे ज़्यादा मुझसे उम्मीद मत रखना,
कुछ कहना है, कभी मिलोगी तो बताऊंगा।

इजाज़त

तीसरा चरण वह होता है जब आप अपने साथी के साथ अपना भविष्य जोड़ने का निर्णय लेते हैं। इस चरण में, आप उसे अपनी जिंदगी का हिस्सा बनाने की इजाज़त माँगते हैं, क्योंकि आप जानते हैं कि हर खुशी और दुःख को साझा करने का सच्चा साथी वही है। यह एक पल होता है जब आप एक दूसरे से वादा करते हैं कि आप एक साथ मिलकर हर मुश्किल को पार करेंगे और एक-दूसरे के साथ हर क्षण का आनंद लेंगे।

तेरी ज़ुल्फ़ों की छाँव में शामें बिता सकता हूँ,
तेरे इश्क़ के सजदे में सर को झुका सकता हूँ,
पाना नहीं, जीना चाहता हूँ मैं तुम्हें...
क्या मैं तुम्हारे साथ ज़िंदगी बिता सकता हूँ?

हर शख्स को तेरे नाम का निबंध सुना सकता हूँ,
जीने की हर वजह तुम्हें बना सकता हूँ,
एहसान नहीं, इश्क़ माँग रहा हूँ...
क्या मैं तुम्हारे साथ ज़िंदगी बिता सकता हूँ?

तेरे हसने-भर से सभी ग़मों को भुला सकता हूँ,

तेरा ग़ुस्सा, तेरी ख़ुशी, हर जज़्बात को अपना
बना सकता हूँ,
इस सब के बाद भी एक ही सवाल है...
क्या मैं तुम्हारे साथ ज़िंदगी बिता सकता हूँ?

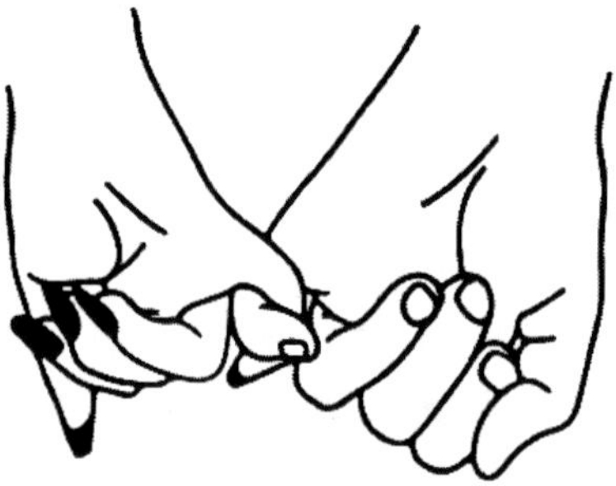

सपना

अगला चरण वह होता है जब आप अपने साथी के साथ हर पल को बिताने के ख्याल को अपनी सोच और सपनों में जगह देने लगते हैं। आप दोनों मिलकर भविष्य की योजनाओं और ख्वाहिशों के बारे में सोचते हैं, और हर छोटे-बड़े फैसले को साझा करने का मन बनाते हैं। इस चरण में, आप अपने रिश्ते को केवल आज़ के पल तक सीमित नहीं रखते, बल्कि उसे एक लंबी यात्रा के रूप में देखते हैं, जिसमें दोनों के सपने, आकांक्षाएँ और प्रयास एक-दूसरे के साथ जुड़े होते हैं।

जीना भी है मरना भी है,
हर छोटी बात पर तुझसे लड़ना भी है,
किताबों से अब ऊब गया हूँ मैं,
तेरी आँखों को ता-उम्र पढ़ना भी है।

बिगड़ना भी है संवरना भी है,
उम्र की सीढ़ी को तेरे साथ चढ़ना भी है,
और कितनी भी मुश्किल घड़ी हो चाहे,
तेरा हाथ सदा पकड़ना भी है।

खिलना भी है मुरझाना भी है,

तेरी ज़ुल्फ़ों को अपने हाथों सुलझाना भी है,
और तुझमें मुझे घर सा नज़र आता है,
उसी घर में तुझ संग रह जाना भी है।

ये दिल तेरा दीवाना भी है,
तुझसे इसे याराना भी है,
तेरी मायूसी जैसे काले बादल,
तेरे हँसने से मौसम सुहाना भी है।

और ये ज़माना लाख करे
जन्नत की बातें,
मेरा सुकून तो तुझमें
डूब जाना ही है।

मोल-भाव

एक चरण आता है जब कुछ कारणों की वजह से आप अपने प्रियजन के साथ नहीं हैं यह चरण गहरे दुःख और शून्यता का होता है, जब आपके प्रियजन से अलगाव आपको पूरी तरह से तोड़ देता है। हर दिन की शुरुआत और अंत उसी खोये हुए रिश्ते की यादों में बसा होता है, और आपको यह एहसास होता है कि अब कुछ भी पहले जैसा नहीं रहेगा। आप भगवान से हर रोज़ यही मिन्नतें करते हैं, कि वह उस व्यक्ति को वापस लौटा दे, ताकि आपके दिल में फिर से वही सुकून और खुशी लौट आए, जो कभी था।

मेरे ज़ख्मों को नासूर कर दो,
हर किसी को मुझसे दूर कर दो।
नहीं चाहिए ज्यादा कुछ ऐ खुदा,
बस नाम मेरे आसमान का नूर कर दो।

मेरी हर खुशी को चूर कर दो,
ज़िंदगी में ग़म बदस्तूर कर दो।

और रख लो अपनी बहत्तर हूर,
बस मेरी वो रुख़-ए-पुर-नूर कर दो।

छोड़ दूँ इबादत करना भी,
इतना भी ना मजबूर कर दो।
ज़रा सा ही तो काम है,
पूरा ये फ़ितूर कर दो।

मेरा ये काम ज़रूर कर दो!
मेरा ये काम ज़रूर कर दो!

नासाज़

यह वह चरण होता है जब आप तमाम कोशिशों और मोल-भाव के बावजूद कुछ भी हासिल नहीं कर पाते, और हर प्रयास विफल हो जाता है। आपको महसूस होता है कि अब कुछ भी आपके हाथ में नहीं है, और इस निराशा में हर कोशिश एक नई चोट की तरह लगती है। अंततः, एक गहरी बेबसी और खालीपन आपके दिल को घेरे रखती है, जहां कोई आंसू, कोई दुआ, और कोई कोशिश उस दर्द को कम नहीं कर पाती, और आप बस टूटे हुए दिल के साथ खड़े रहते हैं।

मेरी ना मुकम्मल कोई दुआ हुई,
दिन ढल गया ना सुबह हुई।
तेरा आना पहली बारिश सा था,
तेरे बाद सर्द हवा हुई।

क़िस्मत भी मुझसे ख़फ़ा हुई,
जब से है वो जफ़ा हुई।
ख़ता है ये ख़ुदा की कोई?
या मोहब्बत रफ़ा-दफ़ा हुई?

पहले तो ख़ुशनुमा सी थी,

अब कड़वी मेरी ज़ुबान हुई।
तेरे आने की जो दुआ माँगी थी,
इल्तिज़ा ये इल्तवा हुई।

मोहब्बत है अब दूर की बात,
ना किसी से फिर
एतबार-ए-वफ़ा हुई।
तेरा आना पहली बारिश सा था,
तेरे बाद सर्द हवा हुई।

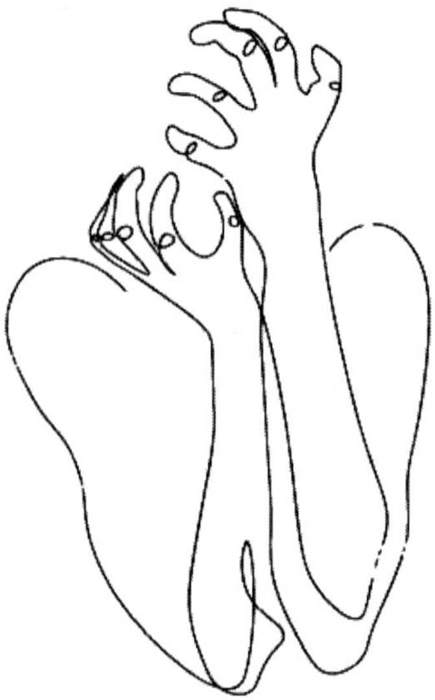

अगर तू होता तो..

यह वह चरण होता है जब आप हर दिन के अनुभवों को उस व्यक्ति के बिना अधूरा महसूस करने लगते हैं। आप बार-बार कल्पना करते हैं कि अगर वह व्यक्ति आपकी ज़िंदगी में होता, तो हर खुशी और हर पल कितना खास होता, और हर निर्णय पर उसकी मौजूदगी का असर कितना गहरा होता। यह सोचने लगता है कि आपके जीवन के वो खोये हुए पल अब कभी वापस नहीं आ सकते, और आप उस खौफनाक एहसास से जूझते हैं कि वह व्यक्ति अब आपकी ज़िंदगी का हिस्सा नहीं है।

अगर तू होता तो ये होता
अगर तू होता तो वो होता

तू होता तो सुनहरा आसमान होता
तू होता तो मुकम्मल मेरा जहान होता

तू होता तो सुकून का जरिया होता
तू होता तो मीठा सारा दरिया होता

तू होता तो ज़मीन भी आसमान होती

तू होता तो कोई कमी भी कहाँ होती

तू होता तो मंज़ूर हर सज़ा होती
तू होता तो रंगीन ये फ़िज़ा होती

तू होता तो अंधेरा भी उजाला होता
तू होता तो तेरा वहम ना हमने पाला होता

मगर सच ये है कि तू है नहीं,
अगर तू होता तो कमाल होता।

तुम आना

अब जीवन में वह चरण आता है जब दिल की हर धड़कन बस उसी व्यक्ति की वापसी की चाहत रखती है। आप न केवल उन्हें वापस चाहते हैं, बल्कि यह भी चाहते हैं कि वे खुशी, प्यार और सुकून के साथ लौटें। हर लम्हा उनकी गैरमौजूदगी खलने लगती है, और जीवन अधूरा सा महसूस होता है। आप चाहते हैं कि वे लौटें, बिना किसी दर्द या कड़वाहट के, बस वही मुस्कान और वही अपनापन लेकर, जो कभी आपकी दुनिया को रोशन किया करता था।

तुम आना तो मुस्कुरा कर आना
ज़माने से नज़र ना चुरा कर आना
आज भी वहीं मिलूंगा मैं,
वही अपना सुकून वाला ठिकाना।

चाहना तो शिद्दत से चाहना,
ढोंग न करना कहकर याराना
वो वक़्त आज भी याद है,
जब मिलते थे हम तुम रोज़ाना।

इश्क़ का जाम तुम यूं पिलाना,
कि खाली हो जाए पूरा मयख़ाना
होश में आने को जी चाहेगा,

तुम रोक लेना देकर मोहब्बत का बहाना।

ये इश्क़ नहीं है खेल जाना,
ये रोग है बरसों पुराना
ये कहानी अधूरी ही मुकम्मल है,
मैं इज़हार करूं, तुम फिर से मुकर जाना

भ्रम

एक अवस्था होती है जब दर्द और अकेलापन इतना गहरा हो जाता है कि आप उस व्यक्ति को हर जगह महसूस करने लगते हैं—हर मोड़ पर उसकी मौजूदगी का अहसास होता है, उसकी आवाज़ आपके कानों में गूंजती है, हालांकि वह असल में कहीं नहीं होता। आपकी ज़िंदगी की हर छोटी-बड़ी चीज़ में उसका ही चेहरा और उसकी यादें समाई होती हैं। आप उस समय को बार-बार सोचने लगते हैं, जब वह व्यक्ति आपके पास था, और उसकी मौजूदगी से पहले आपकी ज़िंदगी कितनी अलग और सामान्य थी, जबकि अब हर पल उसकी कमी महसूस होती है।

एक आवाज़ सी सुनाई देती है
एक चेहरा सा दिखाई देता है
एक जाना-पहचाना शख्स है
जो मेरे अंदर रहता है

अकल की सुनता नहीं,
बस दिल ही दिल की कहता है
मालूम है नहीं आएगा कोई,
फिर भी आस में रहता है

कभी सूरज सा जलता है
कभी चाँद से बातें कहता है,
इतनी बड़ी इस दुनिया में
क्या एक ही इंसान रहता है?

एक आवाज़ सी सुनाई देती है
एक चेहरा सा दिखाई देता है
शायद ये मैं ही हूँ
जो ख़्वाबों में रहता है

कल्पना

यह वह चरण होता है जब दर्द और अकेलेपन से बचने के लिए आप अपने विचारों में एक नई दुनिया गढ़ने लगते हैं, जहां सब कुछ आपकी इच्छाओं के अनुसार होता है। इस काल्पनिक दुनिया में, वह इंसान हमेशा आपके पास होता है, कोई दूरी नहीं होती, न कोई जुदाई, बस प्यार और समझ की पूर्णता होती है। आप उन विचारों में खो जाते हैं, जहां हर मुश्किल हल हो जाती है और आप दोनों एक साथ अनंत सुखों का अनुभव करते हैं, जैसे वह कभी दूर नहीं गया था।

चल, एक नई दुनिया बनाता,
अपने हाथों हर चीज़ सजाता हूँ।
जहाँ रहते हों बस हम दोनों,
वो सुंदर शहर बसाता हूँ।

चल, समय में पीछे जाता हूँ,
हर लम्हा फिर दोहराता हूँ।
जब अंधेरी रातों में निकल पड़ते थे हम,
वो वक़्त दोबारा लाता हूँ।

चल, खुदा से मिलकर आता हूँ,
तेरी हर छोटी बात बताता हूँ।

तू हमेशा मेरे साथ रहे,
कोई ऐसा जादू करवाता हूँ।

चल, एक ऊँची सीढ़ी बनाता हूँ,
अंबर में उसे लगाता हूँ।
चाँद की जगह पर तू रहे,
और मैं तारा बन जाता हूँ।

चल, एक सच और बताता हूँ,
अधूरा हूँ मैं, पूरा होना चाहता हूँ।
और ये सब अगर कल्पना है,
तो बस इसी में जीना चाहता हूँ

तेरी मेरी कहानी

यह बस अब तक जो हुआ, उसकी कहानी है। इसमें मैंने अब तक की सारी कविताओं को संजोकर एक रूप दिया है, जैसे वे मेरे दिल की अनकही आवाज़ हों। हर शब्द, हर भावना और हर अनुभव, जो मैंने महसूस किया, उन्हें इस पुस्तक के पन्नों में उतारने की कोशिश की है। यह एक यात्रा है—उस प्रेम, दुःख, उम्मीद और बेबसी की, जो हर दिल में कहीं न कहीं पलती है। इस संग्रह में मैंने उन क्षणों को पकड़ने की कोशिश की है, जो दिल के गहरे कोनों में बसे हैं, और उन्हें शब्दों का रूप दिया है, ताकि वे आपके दिल तक पहुंच सकें।

तेरा नाम बहुत दोहराया मैंने,
वक़्त बहुत गँवाया मैंने।
दिल तो कब का राख ही था,
उस राख को फिर जलाया मैंने।

ये दर्द बहुत छुपाया मैंने,
दिलासा भी दिलाया मैंने।
बिछड़ना महज़ दस्तूर ही था,
कहकर खुद को बहलाया मैंने।

दिल को बहुत दुखाया मैंने,
लहू को बहुत सुखाया मैंने।
सैलाब में न डूबे तू,
तो आँखों को न छलकाया मैंने।

तेरी हर तस्वीर को जलाया मैंने,
हर आस का दिया बुझाया मैंने।
तेरी याद भी अब तो याद नहीं,
तेरी याद को यूँ दफनाया मैंने।

उसके बाद क्या हुआ?

कि तेरे बाद इश्क़ इतिहास हुआ,
इतिहास को ना दोहराया मैंने।

तू और मैं

यह नज़्म एक कल्पना है, कि अगर हम साथ होते तो सब कुछ कितना अलग होता। इसमें उन ख्वाबों को साकार किया गया है, जो हम दोनों के साथ होने पर सच हो सकते थे—वे पल, जो सिर्फ एक-दूसरे की मौजूदगी से पूरे होते। यह नज़्म उस अधूरी चाहत की अभिव्यक्ति है, जो अब सिर्फ कल्पना बनकर रह गई है।

मैं सुबह, तू रात हो जा
मैं क़लम, तू दवात हो जा
बातें अधूरी रह जाती हैं मेरी अक्सर
तू मेरी पूरी बात हो जा

मैं हवा, तू पतंग हो जा
मैं रंगरेज़, तू मेरा रंग हो जा
दुनिया कहती है ख़ुदा नहीं मिलता काफ़िरों को
एक काम कर, तू मेरे संग हो जा

मैं सवाल, तू जवाब हो जा
मैं सुरूर, तू शराब हो जा
अंधेरे में भटकता मुसाफ़िर हूँ
तू मेरा आफ़ताब हो जा

मैं आसमान, तू मेरा चाँद हो जा
मैं नदी, तू मेरा बाँध हो जा
भूल जाता हूँ अक्सर लोगों को
तू मुझे हमेशा के लिए याद हो जा

मैं दर्द, तू दवा हो जा
मैं गर्मी, तू सर्द हवा हो जा
तेरे दिल की उम्र क़ैद मिले
तू वो पुख़्ता गवाह हो जा

मैं जुमा, तू नमाज़ हो जा
मैं आगरा, तू ताज हो जा
जानता हूँ सिर्फ़ मैं जिसको
तू वो ख़ूबसूरत राज़ हो जा

सवाल

अगले चरण में, आप खुद से सवाल करने लगते हैं—क्या ऐसा भी हो सकता है जो मैं चाहता हूँ? क्या वह इंसान वापस आ सकता है? क्या मेरी ख्वाहिशें हकीकत बन सकती हैं? इस समय, आप अपने दिल और दिमाग के बीच की उलझन को महसूस करते हैं, जहाँ उम्मीद और हकीकत एक-दूसरे से टकराती हैं। आप उन विचारों में खो जाते हैं, जो कभी हिम्मत और कभी निराशा की ओर ले जाते हैं, और हर पल यह महसूस करते हैं कि शायद कुछ बदल सकता है, लेकिन शायद कुछ कभी नहीं बदलेगा।

जो नहीं होना वो हो सकता है क्या?
तू मेरे लिए आँखें भिगो सकता है क्या?

मैं तो अभी भी रुका सा हुआ हूँ..
तू थोड़ा पीछे हो सकता है क्या?

यार, मैं तो सिर्फ आज हूँ
तू मेरा हर रोज़ हो सकता है क्या?

और मैं ना तुझे सोचता बहुत हूँ..

तू पल भर को सच हो सकता है क्या?

यूं तो वक्त से बैर है मुझको..
तू मेरा हर वक्त हो सकता है क्या?

क़िस्सा

फिर एक ऐसा चरण आता है, जब उस इंसान के ना होने का मलाल धीरे-धीरे दिल में गहरे घाव की तरह उभरने लगता है। अफसोस होता है कि वह कहानी, जो कभी पूरी होने की उम्मीद थी, अधूरी रह गई—वो ख्वाब, जो एक दिन सच होने का सपना था, अब सिर्फ यादों के धुंधले धुंए में बदल गया। दिल में एक अजीब सा खालीपन महसूस होता है, जैसे कोई अधूरी धुन बज रही हो, जिसे कभी पूरा नहीं किया जा सकता, और वह खामोशी, जो हर कदम के साथ और गहरी होती जाती है।

तुझे तो कहानी बनना था,
तू महज़ क़िस्सा रह गई।

उन अधूरी चाहतों का,
खूबसूरत सा हिस्सा रह गई।

तेरे लब भले ही चुपचाप थे,
तेरी आँखें सब कुछ कह गई।

ग़ैरों सा गुज़रता देख तुझे,

ये आँखें घंटों-घंटों बह गई।

वो हर घड़ी जो गुज़री थी,
वो मेरे ही अंदर रह गई।

तुझे तो कहानी बनना था,
तू महज़ क़िस्सा रह गई

बाद तेरे

एक वक्त आता है जब आप खुद से यह सवाल करने लगते हैं—तेरे बाद कैसे होगा? क्या होगा? ज़िंदगी तो चलेगी, लेकिन वह वैसी नहीं होगी जैसी हमने सोची थी। खुशियाँ जरूर होंगी, लेकिन वो अधूरी सी महसूस होंगी, क्योंकि अब उन ख्वाबों में तेरी मौजूदगी नहीं होगी। हर लम्हा बीतेगा, मगर उसकी अहमियत बदल जाएगी, और वो सारी चीज़ें, जो कभी एक साथ साझा की थीं, अब अकेले ही जीनी पड़ेंगी। तुम्हारे बिना, यह दुनिया कभी वैसी नहीं रह सकती, जैसे हम दोनों के साथ थी।

तेरे होने से था होना मेरा
तेरे जाने पर मैं खो गया
तेरा तो एक आँसू निकला था
मैं तो सिसक-सिसक कर रो गया

तेरे आने से थी दीवाली मेरी,
तेरा जाना मोहर्रम हो गया
तेरी आँखों से था चैन मेरा
देख कितना बेचैन हो गया

सुबह का सूरज, शाम का चाँद
सब कुछ गायब हो गया
चमकाया था जो एक सितारा तूने
वो भी गर्दिश में खो गया

चल, जो हो गया वो हो गया
अब और भी कुछ क्या बाकी है?
तुम्हारे अंदर होगा भी,
मेरे अंदर तो बस ख़ाक ही है!

कमी

एक वक़्त आता है जब आपको बिना उनके जीने की आदत डालनी पड़ती है, और हर ख़ुशी के पीछे एक गहरा दर्द महसूस होता है। आप ख़ुद से सवाल करते हैं, लेकिन सच को आखिरकार स्वीकारना ही पड़ता है—जितने भी ख़्वाब आपने देखे थे, उन्हें एक दिन टूटना ही होता है। वो टूटे हुए ख़्वाब, वो अधूरी उम्मीदें, धीरे-धीरे दिल की गहराई में समाती जाती हैं, और आप जानते हैं कि अब उस टूटे रिश्ते से आगे बढ़ने के सिवा कोई रास्ता नहीं बचा।

मिल जाएगा सब कुछ फिर भी,
आँखों में नमी सी रह जाएगी,

दिल में तेरे न होने की कमी सी रह जाएगी।
तेरी मुस्कान पर आज भी,
सब कुछ लुटा सकता हूँ मैं,
इश्क़ के मोहल्ले में तेरी,
खाली ज़मीन सी रह जाएगी।

सूरज, चाँद, ज़मीन, आसमान,
उनमें दूरी कुछ हम-सी रह जाएगी।
कि तेरे बाद ज़िंदगी कुछ,

ग़म-सी रह जाएगी।

मिल जाएगा सब कुछ फिर भी,
आँखों में नमी सी रह जाएगी...

बदलाव

अब एक पड़ाव आता है जब आप पूरी तरह बदल चुके होते हैं, और वह दर्द जो कभी आपके दिल में गहरा था, अब धीरे-धीरे फीका पड़ने लगता है। आप समझ जाते हैं कि जो खो चुका है, वह वापस नहीं आ सकता, और उस स्थिति को स्वीकार कर लेते हैं। आपके भीतर एक नई ताकत और समझ आती है, और आप जानते हैं कि ज़िंदगी चलती रहती है—कभी खुशी, कभी ग़म, लेकिन हर अनुभव आपको एक नई दिशा देता है। अब आप पुराने लम्हों को बस यादों में संजोकर, खुद को आगे बढ़ने की अनुमति दे देते हैं।

तेरे आने से, तेरे जाने तक
बदल गया हूँ मैं भी अब
हँसता था हर छोटी बात पे जो
अब तलाश रहा हूँ हँसने का मतलब
तेरे आने से, तेरे जाने तक...

खिलने से मुरझाने तक
इस इश्क़ में यूँ घुल जाने तक
बाहर से अब भी वही हूँ मैं
अंदर से नया-नया है सब।
तेरे आने से, तेरे जाने तक.

..

तेरे हिज्र का ग़म भुलाने तक
ख़ुद खोकर ख़ुद को पाने तक
दिन तो कब के बीत गए
देख अब गुज़र गई है शब।
तेरे आने से, तेरे जाने तक..

.

और कभी मिले तो नज़र मत चुराना
एक वक़्त पर तो जानते थे ना सब
कब?
तेरे आने से, तेरे जाने तक...

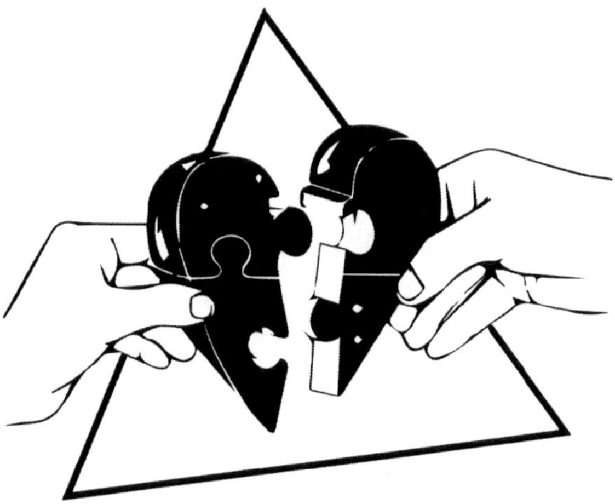

सुकून वाली रात

फिर कभी-कभी आप उन पुराने साथ गुज़ारे लम्हों को याद करते हैं, जब हर पल खास था, और सोचते हैं, क्या यह सब दूसरे इंसान को भी याद आता होगा? क्या वे भी उन पलों की गरमाहट और खुशियों को महसूस करते हैं, जो कभी आपके साथ थे? उस यादों की चुप्प में एक अजीब सी तड़प होती है, जब आप जानना चाहते हैं कि क्या वह भी उसी तरह उन लम्हों की अहमियत समझते हैं, जैसे आप समझते हैं।

वो रात तुम्हें भी याद है क्या?
जब हम इत्मिनान से बैठे थे
तुम खुद में कहीं पर गुम सी थी
हम तुम में खोकर बैठे थे
तुम देख रही थी चाँद को
हम सुन रहे थे चाँद की
बात ही अलग थी उस
सुकून वाली रात की

बातें थी तेरी ख्वाब सी
जैसे जवां गुलाब सी
नशा था कुछ फ़िज़ाओं में
जैसे हो तेरी आँख सी

वो वक्त भले ही बीत गया
ना अब रही वो बात भी
सुंदर बहुत वो थी मगर
थी तो आखिर रात ही

कोई वक्त को बोलो उल्टा चले
फिर आए वो रात भी
क्योंकि बात ही अलग थी
उस सुकून वाली रात की।

लिखूं सोचूं या चाहूं

एक ऐसा दौर आता है जब तुम हर लफ्ज़ में उसे लिखते हो, हर ख़याल में उसे सोचते हो, और हर दुआ में उसे मांगते हो, जैसे कि यही सब करके तुम उसे वापस ला सको। लेकिन न तो शब्द उसे तुम्हारे पास लौटा पाते हैं, न ही तुम्हारी सोच उसे करीब खींच पाती है, और न ही दुआएं किसी असर को जन्म देती हैं। तुम जितना भी कोशिश करते हो, वह उतना ही दूर रहता है, और तुम बस उस गहरी बेबसी का एहसास करते हो, कि तुम उसके पास तो नहीं पहुँच सकते, फिर भी उसका ख्याल हर वक्त तुम्हारे दिल में बसा रहता है।

मैं तुझे कितना लिखूँ,
जान से प्यारा लिखूँ,
जो वक़्त गुज़ारा लिखूँ,
या बस नाम तुम्हारा लिखूँ...

मैं तुझे कितना सोचूँ,
सुबह से शाम सोचूँ,
छोड़कर हर काम सोचूँ,
या होश में न रहूँ मैं,
पीकर कोई जाम सोचूँ...

मैं तुझे कितना चाहूँ,
खुद से ज़्यादा चाहूँ,
भूलकर हर वादा चाहूँ,
या पक्का कर इरादा चाहूँ...

मैं तुझे लिखूँ, सोचूँ या चाहूँ...
सच हो जाओगी क्या?
कल की होती आज, आज की होती अब हो
जाओगी क्या...?

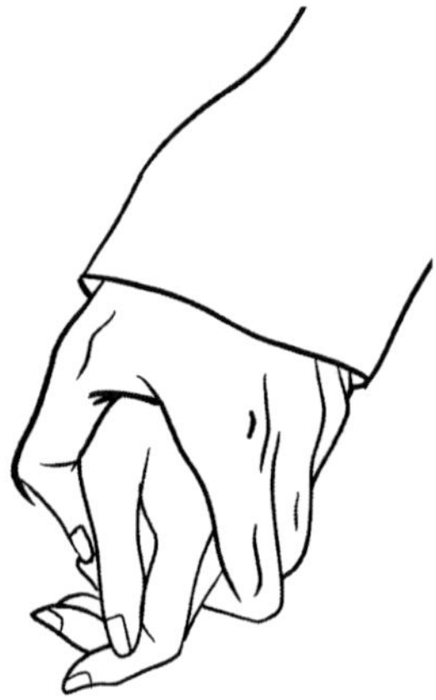

जंग

एक ऐसा दौर आता है जब दिल प्यार से भरा होता है, लेकिन साथ ही उस इंसान से नाराज़गी भी होती है क्योंकि वह तुम्हारे साथ नहीं है और दूरी बनाए हुए है। तुम उसकी यादों में खोए रहते हो, लेकिन उस दूर जाने की वजह से दिल में ग़ुस्से और उलझन का भी सामना करना पड़ता है। यह एक जटिल एहसास होता है—जहाँ तुम उसे चाहने के बावजूद, उसके द्वारा बनाई गई दूरी को स्वीकार नहीं कर पाते, और हर एक पल में उसके लिए प्यार और ग़ुस्से का संघर्ष चलता रहता है।

दो दिलों की इस जंग में,
कोई फूल तो कोई पत्थर फेंक रहा है,

जलते दिल की आग पर,
रक़ीब भी आँखें सेंक रहा है।

तेरा फेंका पत्थर भी फूल सा लगता है,
सोच, फूलों पर क्या सितम बीत रहा है।

ये लड़ाई जल्द ख़त्म हो,
अब तो ख़ुद ख़ुदा भी चीख़ रहा है।

हर पल अब ख़ंजर सा चुभने लगा है,
यूँ लम्हा हर एक बीत रहा है।

और तुझे दूर होना था ना?
देख, तू आख़िर जीत रहा है...

दिल को सुकून सी है!!

इन सब के बाद आता है आखिरी पड़ाव, जब आप मान चुके होते हैं कि जो है, शायद ठीक है, यही होना था। अब आप उस व्यक्ति के लिए जो प्यार महसूस करते हैं, वह एक शांतिपूर्ण स्वीकृति बन जाता है, और आपको समझ में आता है कि अब उसके बिना भी आप पूरे हैं। आपके दिल में उसका इश्क और बढ़ जाता है, लेकिन अब आप उसे खुद के लिए नहीं, बल्कि उसकी ख़ुशी और उसकी यात्रा के लिए चाहने लगते हैं। यह वह समय होता है जब आप अपने आप से सच्चे होते हैं, और जानते हैं कि कुछ रिश्ते जीवन के हिस्से बनकर, सिर्फ यादों में ही सबसे अच्छे होते हैं।

तू अंधेरी रात की सुबह सी है
माँ की दी हुई दुआ सी है
तू है वो जादुई मरहम
के ज़ख्मी बोले, मुझे कुछ हुआ भी है?

तू एक सुंदर नज़्म सी है
भटके मुसाफ़िर को बज़्म सी है
सब कुछ जीत जाता हूँ मैं
बस दूरी मुझे न हज़म सी है

तू सूखी ज़मीन पर बारिश सी है,
गुलज़ार की तर्ज-ए-निगारीश सी है।
पूरी करता है खुदा भी जो
उस साफ़ दिल की गुज़ारीश सी है।

तू धूप में छांव सी है
डूबते इंसान को नाव सी है
इस शहर की भागदौड़ी में
तू शांत और सुंदर गाँव सी है

ज़िंदगी को ज़रूरी हूँ जो, उस जुनून सी है
सर्दी के मौसम में ऊन सी है
और तू हमेशा ऐसे ही रहना
तू इस दिल को सुकून सी है!!